Inhalt

Partikelfilter für Dieselfahrzeuge

Kernthesen

Beitrag

Fallbeispiele

Weiterführende Literatur

Impressum

GENIOS WirtschaftsWissen Nr. 08/2004 vom 06.08.2004

Partikelfilter für Dieselfahrzeuge

I.Zeilhofer-Ficker

Kernthesen

- Kleinste Rußpartikel in der Luft werden für viele Herz-/Kreislauferkrankungen, für Allergien und für spezielle Krebserkrankungen verantwortlich gemacht.
- Einen großen Anteil an der Rußpartikelemission haben die Abgase aus Dieselfahrzeugen.
- Der Einsatz von Partikelfiltern in Dieselfahrzeugen könnte die Rußemissionen durch den Straßenverkehr um bis zu 99 % senken.
- Nach langjährigem Streit hat die deutsche Automobilindustrie Mitte Juli 2004 endlich

zugesagt, bis spätestens 2009 alle Dieselfahrzeuge mit Partikelfilter auszustatten.

Beitrag

Dieselruß ein Gesundheitsrisiko

Saubere Luft liegt den Europäern am Herzen. Zustände wie in China, wo über Wochen hinweg die Bevölkerung ganzer Großstädte nur noch mit Atemschutzmasken aus dem Haus gehen, sind bei uns längst undenkbar geworden. Durch die Verpflichtung zum Abgas-Katalysator für Kraftfahrzeuge mit Ottomotoren sowie verschärfte Zulassungs- und Betriebsvorschriften für Heizungen und Industrieanlagen ist die Luft in Europa in den letzten Jahren insgesamt sauberer geworden. (1)

Trotzdem erschrecken in letzter Zeit immer öfter Meldungen, die von Tausenden von Toten jährlich durch ultrafeine Stäube in der Luft berichten. Eine der Hauptquellen für diese Feinstäube ist der Autoverkehr. Insbesondere Dieselfahrzeuge geben große Mengen von kleinsten Rußpartikeln ab, die negative Auswirkungen auf die menschliche Gesundheit haben. (1), (2)

Zwischen 10 000 und 19 000 Menschen sterben laut wissenschaftlichen Untersuchungen jedes Jahr an den gesundheitsschädlichen Wirkungen der Rußpartikel. Diese werden vor allem für Herz-/Kreislauferkrankungen, für Allergien und für Krebserkrankungen der Lunge verantwortlich gemacht. (2)

Dabei werden Diesel-Pkws bei den Deutschen immer beliebter. Da Dieselfahrzeuge nicht nur langlebiger sondern auch Kraftstoff sparender und billiger betrieben werden können, haben sich 2003 bereits 1,3 Millionen Neuwagenkäufer für einen Diesel entschieden. Über 40 Prozent beträgt mittlerweile der Dieselanteil an den gesamten zugelassenen Pkws in Deutschland. (3)

Europäische Abgasnormen sollen dabei helfen, das Problem mit den Rußpartikeln aus diesen Autos in den Griff zu bekommen. So schreibt die momentan gültige Norm Euro 3 vor, dass Pkws höchstens 50 mg Ruß pro gefahrenen Kilometer emittieren dürfen. Dieser Wert halbiert sich mit In-Kraft-Treten der Euro-4-Norm zum 1. Januar 2005 auf 25 mg/km. (4)

Umweltschützer und Politiker wollen sich damit aber nicht zufrieden geben. Denn der Stand der Technik ist schon viel weiter. Durch den Einsatz von

Partikelfiltern in Dieselautos kann der zugelassene Emissionswert schon heute um 90 Prozent unterschritten werden, d. h. Dieselautos mit Partikelfilter stoßen weniger als 2,5 mg Rußpartikel pro Kilometer aus. (5)

Rußpartikelfilter - lange umstritten

Obwohl die Möglichkeit der Reduzierung von Rußpartikeln durch den Einsatz von Abgasfiltern unbestritten ist, wehrten sich die deutschen Autobauer bis vor kurzem vehement dagegen, die von ihnen ausgelieferten Dieselfahrzeuge damit auszustatten. Die deutsche Autoindustrie vertrat die Meinung, mit innermotorischen Maßnahmen könnten die gleichen Resultate erreichen werden, wie mit der von der ausländische Konkurrenz favorisierten Filtertechnik. Außerdem wurde immer wieder angeführt, dass die Filtertechnik viel zu teuer sei. (5)

Trotz jahrelanger Forschung und Entwicklung an abgasarmen Dieselmotoren haben sich die Hoffnungen jedoch nicht erfüllt. Endlich mussten auch die deutschen Autobauer zugeben, dass stringente Abgaswerte nur mit Rußfilter erreicht werden können. (8)

Die Autokäufer erwiesen sich schon viel früher als einsichtig und orderten trotz Aufpreis von 500 bis 800 Euro vielfach schon heute die neuen Dieselfahrzeuge mit Filter. (7)

Dem Druck der Kunden endlich nachgebend einigte sich der Verband der Automobilindustrie (VDA) erst im Juli 2004 mit dem Bundeskanzler darauf, spätestens ab dem Jahr 2009 keine Dieselfahrzeuge mehr ohne Filter auszuliefern. Mithilfe einer steuerlichen Förderung soll erreicht werden, dass schon 2006 mindestens 25 Prozent, 2007 drei Viertel aller Diesel-Neuzulassungen mit Filter versehen sind. (6)

Die geplante Förderung

Da die Gesetzgebung bezüglich neuer Grenzwerte sowie die Rahmenbedingungen aus Brüssel kommen müssen, hat die Bundesregierung bei der EU-Kommission einen umgehenden Vorschlag für die ab 2010 notwendige Euro-5-Norm angefordert. Auch die Automobilindustrie wurde zur zügigen Mitarbeit an der Entwicklung dieser Norm aufgefordert. Das Bundesumweltministerium geht von einem Grenzwert von 2,5 mg Partikelausstoß pro Kilometer aus, da dieser Wert technisch schon jetzt problemlos erreicht werden kann. (8), (9), (10)

Sollte sich die EU auf den Grenzwert von 2,5 mg/km nach 2010 einigen, plant man für die Zeit bis 2009 in Deutschland eine steuerliche Förderung von ca. 600 Euro pro Fahrzeug, wenn die Dieselrußemission unter 8,5 mg/km beträgt . Von dieser Steuerbefreiung sollen Neuzulassungen sowie jüngere Gebrauchtwagen profitieren können. In der Diskussion ist auch die Förderung von Nachrüstungen bei Altfahrzeugen - ein Zwei-Stufen-Modell ist hier denkbar. (11), (12)

Ob und wie diese Förderung allerdings erfolgen wird, ist noch offen. Denn die Kfz-Steuer ist eine Ländersteuer, d. h. die Bundesländer müssen die Steuernachlässe billigen und auffangen. Die Umweltminister der Länder haben sich zwar schon für die Förderung ausgesprochen, die Finanzierung muss aber erst noch abgestimmt werden. Denkbar ist ein Einsatz der Mittel, die für die steuerliche Förderung von Fahrzeugen aufgewendet wurden, die Euro 4 erfüllen. Da diese Förderung zum Ende des Jahres ausläuft, könnte eine Förderung des Filtereinsatzes aufkommensneutral gestaltet werden. Denkbar ist auch eine Finanzierung aus dem gestiegenen Mineralölsteuerausgleich. (11)

Fallbeispiele

Obwohl sich die deutsche Automobilindustrie lange Zeit gegen den Partikelfilter gesträubt hat, präsentierten fast alle Konzerne auf der IAA im September 2003 mindestens einen Diesel mit Partikelfilter. Mercedes hat bereits 20 verschiedene Modelle im Programm, bei BMW gibt es die Filter für die 5er-Reihe, Opel liefert sie in den Vectra- und Signum-Modellen und VW stattet den Passat damit aus. Audi hat angekündigt, im ersten Halbjahr 2005 Rußpartikelfilter in allen Modellen einzusetzen. (7)

Die Aussage, Partikelfilter seien für Kleinwagen zu teuer und technisch nicht machbar, ist nicht mehr zu halten, seit die Initiative "Kein Diesel ohne Filter" einen Smart mit Partikelfilter präsentierte. Nur rund 200 Euro kostet dieser Filter, für den VW Lupo und den Audi A2 müssten 250 Euro investiert werden. (16)

Schon seit Januar 2004 liefert die Firma Twin-Tec, Königswinter Partikelfilter-Nachrüstsätze für die Marken Audi, Mercedes, Seat, Skoda und VW. Die

Firma HJS Fahrzeugtechnik, Menden entwickelte einen Partikelfilter aus Sintermetall, der 2003 mit dem Deutschen Umweltpreis ausgezeichnet wurde. Zur Automechanika 2004 sollen diese Sintermetallfilter für verschiedene PKW-Modelle vorgestellt werden. Sowohl die Filter von Twin-Tec als auch von HJS eignen sich auch für die Nachrüstung von Nutzfahrzeugen, von Bussen und Baumaschinen. (5), (17), (18)

Weiterführende Literatur

(1) "In die Stadt nur mit sauberem Diesel" Feine Partikel aus Abgasen lösen Krebs aus. Die deutschen Politiker haben sich darum viel zu lange nicht gekümmert, sagt Erich Wichmann. So verliere jeder Bürger drei Monate seines Lebens. Schon ab 2005 könnten Städte nun aber Fahrverbote erteilen
aus taz, 28.07.2004, S. 8

(2) Dieselruß setzt Herzen zu Forscher entdecken Zusammenhang mit Erkrankungen
aus Frankfurter Rundschau v. 17.05.2004, S.16, Ausgabe: S Stadt

(3) Grassmann, Philip, Feilschen um Filter, Süddeutsche Zeitung, 06.07.2004, Ausgabe Deutschland, S. 1
aus Frankfurter Rundschau v. 17.05.2004, S.16,

Ausgabe: S Stadt

(4) Klüting, Rainer, Von Euro 0 bis Euro 5 - Europaeinheitliche Abgasgrenzwerte gab es schon 1988, Stuttgarter Zeitung, 15.07.2004, S. 11
aus Frankfurter Rundschau v. 17.05.2004, S.16, Ausgabe: S Stadt

(5) Dieselpartikelfilter Ruß weg aber schnell - Das Nachrüstgeschäft mit Partikelfiltern kann florieren, wenn die Politik den Rahmen schafft
aus kfz-betrieb Nr. 28 vom 08.07.2004 Seite 010

(6) VDA-Forschungstag Mehr leisten für den Wettbewerb - Autoindustrie bekennt sich zum Standort Deutschland Kurswechsel beim Partikelfilter
aus kfz-betrieb Nr. 31 vom 29.07.2004 Seite 018

(7) Brüning, Nicola / Efler, Marcus / Frank, Susanne / Thewes, Frank, UMWELT - Hauptsache, gut gefiltert, FOCUS, 19.07.2004, Ausgabe 30, S. 40 - 42
aus kfz-betrieb Nr. 31 vom 29.07.2004 Seite 018

(8) Gack, Thomas, Trittin drückt in Brüssel aufs Tempo - EU-Kommission legt Vorschlag für neue Abgasnorm erst im nächsten Jahr vor, Stuttgarter Zeitung, 17.07.2004, S. 14
aus kfz-betrieb Nr. 31 vom 29.07.2004 Seite 018

(9) Saubere Diesel werden jetzt salonfähig Die deutschen Autokonzerne lenken nach jahrelangem

Streit endlich ein: Bis 2009 sollen alle Neuwagen, die sie anbieten, einen Rußfilter haben. Und schon ab dem kommenden Jahr wird es dafür Steuervergünstigungen geben
aus taz, 15.07.2004, S. 8

(10) Kampf gegen Dieselruß gebremst Deutscher Zeitplan für neue Pkw-Abgasnorm nicht realistisch / Brüssel peilt Vorschlag im Frühjahr 2005 an
aus Frankfurter Rundschau v. 09.06.2004, S.11, Ausgabe: S Stadt

(11) CDU-Bundesländer gegen Förderung der Rußpartikelfilter
aus Frankfurter Allgemeine Zeitung, 15.07.2004, Nr. 162, S. 11

(12) Trittin erwägt Rußpartikel-Minderung auch bei älteren Diesel-Pkw - Steuerliche Förderung noch offen
aus AUTOHAUS Online vom 21.07.2004

(13) Becker, Joachim, Filter-Offensive setzt deutsche Hersteller unter Druck, Süddeutsche Zeitung, 12.06.2004, Ausgabe Deutschland, S. V1/1
aus AUTOHAUS Online vom 21.07.2004

(14) Autoexperten warnen: "Neuwagen ohne Rußfilter verlieren rasch an Wert"
aus Die Welt, Jg. 59, 15.07.2004, Nr. 163, S. 15

(15) Kampf dem unsichtbaren Schmutz Die Technik

der Dieselfilter hat sich enorm entwickelt. Und der Fortschritt geht weiter: Forscher tüfteln an der nächsten Auspuff-Generation
aus Financial Times Deutschland vom 10.06.2004, Seite 28

(16) Smart mit Dieselrußfilter
aus taz, 06.07.2004, S. 8

(17) Twin Tec "Die Politik muss Farbe bekennen" - Die Franzosen zeigen wie es geht, sagt Twin Tecs Unternehmenssprecher Rainer Werthmann
aus kfz-betrieb Nr. 28 vom 08.07.2004 Seite 015

(18) Filtertechnologie zur Ausrüstung von Dieselmotoren Ausgezeichnet mit Umweltpreis
aus bpz baupraxiszeitung, Heft 5, 2004, S. 27

Impressum

Partikelfilter für Dieselfahrzeuge

Bibliografische Information der deutschen Nationalbibliothek

Die Deutsche Nationalbibliothek verzeichnet diese Publikation in der deutschen Nationalbibliografie; detaillierte bibliografische Daten sind im Internet über http://dnb.d-nb.de abrufbar.

ISBN: 978-3-7379-1443-7

© 2015 GBI-Genios Deutsche Wirtschaftsdatenbank GmbH, Freischützstraße 96, 81927 München, www.genios.de

Alle Rechte vorbehalten. Dieses Werk ist einschließlich aller seiner Teile – z.B. Texte, Tabellen und Grafiken - urheberrechtlich geschützt. Jede Verwertung außerhalb der Grenzen des Urheberrechtsgesetzes bedarf der vorherigen Zustimmung des Verlags. Dies gilt insbesondere auch für auszugsweise Nachdrucke, fotomechanische Vervielfältigungen (Fotokopie/Mikroskopie), Übersetzungen, Auswertungen durch Datenbanken oder ähnliche Einrichtungen und die Einspeicherung und Verarbeitung in elektronischen Systemen.